LETTRE

SUR LA

CRIMINALITÉ INFANTILE

POUR FAIRE SUITE AUX

LETTRES SUR LE RÉTABLISSEMENT DES TOURS

PUBLIÉES EN 1879

PAR

J.-A. LACROIX

OFFICIER D'ACADÉMIE

LAURÉAT DE L'ACADÉMIE DE MÉDECINE ET DES SOCIÉTÉS

PROTECTRICES DE L'ENFANCE DE PARIS ET MARSEILLE

PARIS

GUILLAUMIN & Cⁱᵉ, ÉDITEUR-LIBRAIRE

14, rue Richelieu

—

1880

LETTRE

SUR LA

CRIMINALITÉ INFANTILE

POUR FAIRE SUITE AUX

LETTRES SUR LE RÉTABLISSEMENT DES TOURS

PUBLIÉES EN 1879

PAR

J.-A, LACROIX

OFFICIER D'ACADÉMIE

LAURÉAT DE L'ACADÉMIE DE MÉDECINE ET DES SOCIÉTÉS

PROTECTRICES DE L'ENFANCE DE PARIS ET MARSEILLE

PARIS

GUILLAUMIN & Cⁱᵉ, ÉDITEUR-LIBRAIRE

14, rue Richelieu

1880

Alençon. — E. De Broise, imp.

A MONSIEUR LE SÉNATEUR B***

A propos d'un document établi au Ministère de la Justice pour les membres de la Commission sénatoriale chargée d'examiner le projet de loi de M. Bérenger sur le rétablissement des tours.

Monsieur le sénateur,

Je diviserai en deux parties distinctes le document que vous avez bien voulu me communiquer et sur lequel vous me faites l'honneur de me demander mon avis :

1º les tableaux statistiques ;

2º les commentaires qui les accompagnent.

Si l'auteur du document s'était borné à grouper des chiffres, nous pourrions nous contenter de faire des rapprochements intéressants, qui tous viendraient corroborer la thèse que nous soutenons. La criminalité en effet, de quelque manière qu'on l'envisage, accuse une progression d'abord, puis une diminution. La progression, qui malheureusement coïncide avec la suppression graduelle des tours (il n'y a là qu'une simple coïncidence, comme nous le verrons plus tard), semble donner raison à nos adversaires ; et Dieu sait s'ils se prévalent des statistiques criminelles ! Mais le mouvement décroissant de la criminalité, mouvement qui s'accuse à mesure que la suppression des tours devient plus complète, les place, en renversant de fond en comble leur raisonnement, dans un cruel embarras. Aussi cherchent-ils à dissimuler par tous les moyens possibles ce mouvement capricieux. C'est pour atteindre ce but que l'auteur du document accompagne ses calculs de commentaires capables d'en atténuer la portée. Nous allons à notre tour raisonner sur les chiffres, et nous verrons alors qu'on chercherait en vain à leur ôter leur véritable signification. Nous discuterons, en les suivant pas à pas, les commentaires et nous puiserons dans les tableaux les chiffres dont nous aurons besoin pour mener à bonne fin notre argumentation.

INFANTICIDES

Voici, d'après le document, les chiffres moyens annuels des infanticides dénoncés :

Périodes	Infanticides dénoncés
1831 —40	442
1841 —50	546
1851 —60	631
1861 —70	633
1871 —75	602

« La réduction sans importance, ajoute l'auteur
» du document, que signale la statistique, n'est
» qu'apparente. Il ne faut pas perdre de vue en effet,
» d'une part, que, pendant les années 1870 et 1871,
» non-seulement la surveillance s'est nécessaire-

» ment ralentie, mais que le cours de la justice a
» été interrompu sur plusieurs points du territoire.
» D'autre part les infanticides commis dans les
» départements du Bas-Rhin, du Haut-Rhin et de
» la Moselle, qui figuraient dans la statistique jus-
» qu'en 1869, ne s'y trouvent plus depuis cette
» époque. »

Nous pouvons soutenir que les évènements de 1870-71, la perte du Bas-Rhin, du Haut-Rhin et d'une partie de la Moselle ont exercé une influence peu appréciable sur le mouvement de la criminalité. Nous pourrions, si nous en étions réduits à nous tenir sur la défensive, faire observer à nos adversaires que, si d'une part l'annexion à l'Allemagne de trois départements de l'Est a pu influer dans un sens, l'annexion d'autre part à la France de Nice et de la Savoie a nécessairement influé dans le sens contraire et qu'ainsi il y a eu compensation. Mais nous nous garderons bien de nous borner à ces moyens de défense. Dans une question aussi grave, les présomptions ne suffisent pas, il faut des chiffres.

Si l'action de la justice a été paralysée sur quelques points du territoire pendant les années 1870 et 1871, adoptons pour cette période une année moyenne, l'année 1872, par exemple. Pendant cette dernière année notre pays était rentré dans l'ordre; les tribunaux ont pu fonctionner sans difficultés et les criminels n'ont pas échappé à la répression. Nous verrons alors que l'auteur du document, sous l'empire de préoccupations trop visibles, arrive à fausser la statistique et à lui faire tenir un langage trop favorable à ses idées.

Si nous rapportons à la période de la guerre les faits observés en 1872, et si nous ne considérons que les affaires jugées, nous constatons ce qui suit:

Périodes	Infanticides jugés
1826—30	550
1831 - 35	491
1836—40	697
1841 - 45	727
1846—50	770
1851 —55	925
1856—60	1079
1861—65	1034
1866—70	1018
1871—75	1062

Il résulte des chiffres qui précèdent que les infanticides auraient atteint leur maximum dans la période 1856-60, et la diminution, quoique légère, n'est pas contestable.

Si, au lieu de ne considérer que les infanticides jugés, nous portons notre attention sur les infanticides dénoncés, en adoptant toujours pour la période 1870-71 les faits de 1872, les chiffres du document se trouveront modifiés de la manière suivante:

Chiffres moyens annuels des infanticides dénoncés

Périodes	Infanticides dénoncés
1831—40	442
1841—50	546
1851—60	631
1861—70	659
1871—75	615

Ici encore la statistique accuse une diminution assez marquée du nombre des infanticides. Il est donc prouvé que les évènements de 1870-71 n'ont pas eu l'influence qu'on leur attribue trop légèrement.

L'annexion à l'Allemagne du Bas-Rhin, du Haut-Rhin et d'une partie de la Moselle ne saurait non plus, quoi qu'en dise le document, effacer de la statistique la diminution signalée et qui, selon lui, ne serait qu'apparente.

Il est permis de regretter que le document ne donne pas, au deuxième tableau, le nombre des affaires jugées dans les trois départements que la France a perdus à la suite d'une guerre insensée et désastreuse. N'était cet oubli, nous pourrions, en nous appuyant sur les accusations antérieures à la guerre, déterminer avec une grande probabilité le degré d'influence que la perte de nos deux provinces de l'Est a pu exercer sur les résultats généraux de la statistique. A défaut de ces renseignements qu'il eût été si facile de donner, nous allons nous rejeter sur les départements voisins et on verra qu'en ajoutant leur apport aux chiffres déjà connus, nous ne parviendrons pas à effacer le mouvement décroissant de la criminalité.

Nous trouvons en 50 ans :

Dans la Meurthe, 83 accusations, soit 1.66 par année.

Dans la Haute-Saône, 75 accusations, soit 1.50 par année.

Dans les Vosges, 53 accusations, soit 1.06 par année.

Les trois départements de l'Est auraient donc donné, tous les cinq ans, environ 21 accusations. Si nous ajoutons ce dernier chiffre à la période 1870-75, nous aurons :

Périodes	Accusations
1856 - 60	1079
1861 65	1034
1866 – 70	1018
1871—75	1083

Le résultat est, à peu de chose près, le même. Si le chiffre de la dernière période dépasse de 4 le chiffre maximum de la période 1856-60, cet excédant est compensé, et au-delà, par la diminution qui s'est produite de 1860 à 1870. La dernière période en effet nous donne, par rapport à celle de 1856-60 qui est considérée jusqu'ici comme étant celle où la criminalité atteint sa plus grande intensité, 4 accusations en plus ; mais pendant les périodes 1861-65 et 1866-70, qui ont suivi la suppression des tours, nous avons eu 61 accusations en moins.

Au reste, si nous étions plus préoccupés du succès de notre cause que du triomphe de la vérité, nous pourrions imprimer aisément à la criminalité, dans les tableaux qui précèdent, un mouvement uniforme et faire ressortir une diminution ininterrompue. Il suffirait pour cela de diviser les années en périodes de 10 ans; nous aurions alors :

Périodes	Accusations
1856 – 65	2113
1866 – 75	2101

L'auteur du document s'efforce encore d'expliquer la réduction constatée par l'habitude qu'ont prise les magistrats de traduire devant les tribunaux correctionnels des femmes dont ils avaient à craindre l'acquittement par le jury.

L'explication n'est pas suffisante. L'étude de la criminalité comprend, non-seulement les crimes commis contre l'enfance, mais encore les délits. Qu'une femme soit jugée par la cour d'assises ou par les tribunaux correctionnels, elle n'en sera pas moins jugée, et cette affaire n'en figurera pas moins comme nombre dans un tableau statistique. Pour que cette explication fût acceptable et à l'abri de toute critique, il faudrait prouver que les magistrats n'ont pas de tout temps renvoyé devant la police correctionnelle les personnes qui, quoique coupables, auraient pu obtenir de l'indulgence du jury un verdict d'acquittement. Il faudrait en outre qu'une augmentation proportionnelle des cas jugés par les tribunaux correctionnels correspondit à la diminution de ceux sur lesquels le jury a eu à se prononcer. Or on ne saurait faire cette dernière preuve sans se mettre en désaccord avec la statistique. C'est ce qui ressort du tableau suivant dans lequel nous avons relevé les homicides in volontaires d'enfants nouveau-nés et les expositions, c'est-à-dire les deux délits les plus graves.

Homicides involontaires et expositions jugés par les tribunaux correctionnels, soit contradictoirement, soit par défaut.

Périodes	Affaires jugées
1851—55	1394
1856 60	1335
1861—65	1206
1866—70	898
1871—75	682

Il est malheureusement trop évident que le commentateur du ministère de la justice ne néglige rien pour dénaturer les chiffres. Mais, si l'on a soin de noter les moindres circonstances qui peuvent amener une légère modification dans un sens, on devrait bien, ne fût-ce que pour faire preuve d'impartialité, ne pas négliger des points très-essentiels qui peuvent les modifier dans le sens contraire et sur lesquels le document garde prudemment le silence. On devrait bien nous parler de l'accroissement de la population qui, de 32 millions d'âmes qu'elle était en 1830, a été porté à 36 millions en 1876, défalcation faite de la population d'Alsace-Lorraine. On devrait bien nous parler encore des perfectionnements apportés dans l'organisation de la gendarmerie et de la police, grâce auxquels le mouvement ascensionnel de la criminalité peut n'être qu'apparent. On devrait avouer franchement que, de 1831 à 1875, on a créé plus de mille brigades de gendarmerie et que le personnel de la police a triplé, sinon quadruplé; que les télégraphes, les chemins de fer ont rendu les investigations plus faciles et la répression des coupables plus certaine. Assurément personne ne niera que l'accroissement de la population ne doive influer sur la statistique criminelle. Dans un pays de 20 millions d'habitants il y aura moins de criminels que dans un pays de 40 millions. Et si l'on nous objectait que cette proposition n'est pas absolument vraie, parce que deux pays peuvent avoir des mœurs et des caractères absolument distincts, nous répondrions qu'il ne s'agit pas ici de deux pays à comparer, mais d'un pays unique, la France, dont la population n'a cessé de s'accroître.

Si nous sommes d'accord pour reconnaître que l'accroissement de la population a nécessairement modifié la marche de la criminalité infantile, nul ne niera non plus que l'augmentation du personnel de la gendarmerie et de la police ait dû influer du tout au tout sur la statistique. Si l'on en doutait, voici qui devrait convaincre.

Si les affaires jugées contradictoirement ont augmenté, en revanche les affaires jugées par contumace ont diminué.

Affaires jugées par contumace

1826—30	40
1831—35	20
1836—40	21
1841—45	12
1846—50	9
1851—55	10
1856—60	10
1861—65	6
1866—70	5
1871—75	2

On ne saurait dire que les évènements de 1870-71 ont pu modifier les données de la statistique en ce qui concerne les affaires jugées par contumace, car les années 1869 et 1872, qui ont précédé ou suivi la guerre, ne fournissent, d'après le document, aucune affaire de ce genre, tandis que les années 1870 et 1871 en donnent une.

Si les infanticides ont augmenté pendant un certain laps de temps, les viols et attentats à la pudeur ont augmenté aussi dans une très-grande proportion, ce qui ne veut pas dire qu'il s'en commette davantage.

Viols et attentats à la pudeur.

1826—30	1366
1831—35	1371
1836—40	1922
1841—45	2603
1846—50	3016
1851—55	3978
1856—60	4432
1861—65	4712
1866—70	4368
1871—75	4254

Dira-t-on que la suppression des tours a augmenté le nombre des viols et des attentats à la pudeur? on ne l'oserait. S'il est possible de trouver une cause à cet affreux état de choses, elle ne peut être évidemment que dans les progrès continus qui ont rendu les investigations plus sûres. Si telle est la cause de ce mal, qui peut n'être qu'apparent, pourquoi ne pas raisonner de la même manière, quand il s'agit des autres crimes, et ne pas attribuer les mêmes effets aux mêmes causes?

Donc l'augmentation des infanticides n'apparaît pas du tout « évidente, indiscutable », comme le dit l'auteur du document. S'il est une chose évidente, indiscutable, » c'est la diminution.

AVORTEMENTS

« En 46 ans, dit le document, les autorités judi-
« ciaires ont eu à s'occuper de 10,712 affaires d'a-
« vortement ; mais ce chiffre est bien loin de repré-
« senter le nombre réel des crimes, non–seulement
« parce qu'un très–grand nombre échappe aux in-
« vestigations de la justice, mais encore parce que
« le nombre des crimes ne correspond pas au
« nombre des accusations. »

Si, en matière d'avortement, une accusation peut se rapporter à plusieurs crimes, il est juste de dire que le fait contraire peut se produire. Il peut arriver que pour un seul crime plusieurs accusés aient des comptes à rendre à la justice.

Si, comme on le reconnaît, ces sortes de crimes échappent le plus souvent aux investigations de la justice, ils ne sauraient servir de base à un raisonnement ; en tous cas on ne devrait pas en tirer des conclusions trop impérieuses et ne pas les invoquer pour demander de dangereuses réformes. Quelle que soit l'importance qu'il faille leur accorder, on ne peut, en pareille matière, que s'en tenir aux faits connus, car nous ne pouvons pas appuyer une conclusion sur des hypothèses. Or, si nous opérons sur les crimes d'avortement dénoncés, nous trouvons dans le document qui nous occupe, les chiffres moyens annuels qui suivent :

Chiffres moyens annuels des avortements dénoncés.

    1831—40.................... 98
    1841—50.................... 181
    1851—60.................... 316
    1861—70.................... 308
    1871—75.................... 267

La diminution, il est facile de le voir, est parfaitement accentuée.

Mais le commentateur du ministère de la justice qui tient absolument à nous représenter cette diminution comme fictive, nous dit:

« Les principales considérations que nous avons « émises pour expliquer la réduction du nombre « des infanticides, s'appliquent aux avortements. »

Ici encore on rapporte de grands effets à de petites causes et il est facile de prouver que cette explication n'explique rien.

En effet, si nous adoptons, ainsi que nous l'avons fait pour les infanticides, l'année 1872 comme année moyenne de la période 1871-75, nous constatons ce qui suit:

Affaires d'avortement jugées, soit contradictoirement, soit par contumace.

    1831—35.................... 43
    1836—40.................... 71
    1841—45.................... 100
    1846 50.................... 119
    1851—55.................... 183

1856—60...................... 152
1861—65...................... 121
1866—70...................... 98
1871—75...................... 112

Il ressort évidemment des chiffres qui précèdent que les avortements ont atteint leur maximum dans la période 1851-55 et décroissent depuis cette époque.

Si, au lieu d'opérer sur les faits jugés, nous considérons les faits dénoncés, nous obtiendrons les chiffres moyens annuels ci-après :

Nombres moyens annuels des avortements dénoncés.

1831—40...................... 98
1841—50...................... 181
1851—60...................... 316
1861—70...................... 312
1871—75...................... 212

Ici encore les évènements de 1870-71 n'ont pas eu sur la statistique une influence appréciable. Le mouvement décroissant s'accomplit toujours avec la même célérité, même après la rectification des faits dénoncés pendant les deux années de la guerre.

En ce qui concerne les départements de l'Est actuellement sous le joug de l'Allemagne, il suffirait d'ajouter aux chiffres déjà donnés les faits observés dans la Meurthe, les Vosges et la Haute-Saône, ainsi que nous l'avons fait en étudiant les infanticides, pour se convaincre que le commentateur du ministère de la justice est dans l'erreur la plus complète.

Au reste, et nous le défions bien de réfuter cette objection, si les considérations qu'il tire des circonstances qui ont accompagné ou suivi la guerre expliquent la marche décroissante des avortements, comment se fait-il que ces crimes aient commencé à décroître dès la période 1851-55, c'est-à-dire 15 ans avant nos malheurs ?

« Il convient d'ajouter une autre considération,
« dit le document, contre laquelle personne ne
« songe à s'inscrire en faux, c'est que, depuis un
« certain nombre d'années, les pratiques abortives
« ont pris un développement scandaleux. »

Mais sur quoi vous basez-vous pour affirmer cela ? Vous ne pouvez vous baser, ce nous semble, que sur la statistique des faits jugés ou dénoncés. Or votre statistique elle-même détruit votre assertion.

Admettons cependant que, depuis quelques années, les pratiques abortives aient une tendance à se généraliser. Et puis ?... Il serait juste de rechercher les causes du mal et ne pas laisser supposer, en gardant un silence prudent, que vous l'attribuez à la suppression des tours. Personne n'ignore que l'obstétrique a fait de grands progrès, qu'on a inventé des instruments très-ingénieux pour déterminer un avortement sans que cette coupable opération laisse des traces indélébiles. Personne n'ignore que bien des sages-femmes n'ont pas craint de déshonorer leur corporation en faisant de ces instruments un usage criminel.

Est-il donc surprenant, lorsqu'on peut neuf fois sur dix compter sur l'impunité, que les pratiques abortives prennent un développement scandaleux!

Ét pourquoi ne pas voir dans l'immoralité et l'égoïsme les causes premières de ce développement? Les viols et attentats à la pudeur ont augmenté aussi. En 50 ans, nous l'avons vu, ces crimes ont quadruplé! Or personne ne nous contredira, si nous affirmons qu'il n'y a pas la moindre connexité entre les tours et les attentats à la pudeur.

La diminution des crimes d'avortement depuis une vingtaine d'années est donc incontestable et les explications que donne le document pour transformer cette diminution en une augmentation ne sauraient résister longtemps à un sérieux examen.

HOMICIDES INVOLONTAIRES D'ENFANTS NOUVEAU-NÉS PAR LEURS MÈRES

Nombres moyens annuels

```
1831—40...................... 64
1841—50...................... 79
1851 - 60...................... 116
1861—70...................... 118
1871—75...................... 70
1876      ...................... 64
```

« L'accroissement qui se remarque de 1851 à
« 1870, ajoute le commentateur, n'est que fictif; il
» provient uniquement de l'usage qui s'était établi,
« pendant cette période, de renvoyer devant les
« tribunaux correctionnels, pour homicide invo-
» lontaire de leur enfant nouveau-né, les femmes
» acquittées par le jury pour infanticide. Le retour

2

« à la règle *non bis in idem* a fait redescendre le
« chiffre des affaires au niveau antérieur. »

Nous acceptons l'explication.

Cependant nous ne saurions nous empêcher de
faire remarquer que voilà bon nombre d'affaires qui
font double emploi, puisque, pour un seul crime, la
même personne était poursuivie devant la cour
d'assises, puis renvoyée devant le tribunal de police
correctionnelle, et que la double inscription de la
même affaire n'a pas empêché la criminalité générale de décroître. C'est une remarque qui n'est pas
à dédaigner.

Mais, si nous acceptons l'explication donnée par
le document, il est une chose que nous n'acceptons
pas, que nous repoussons même de toutes nos
forces, c'est la conclusion du commentateur, conclusion ainsi conçue : « On peut donc dire qu'en réalité
il n'y a eu ni augmentation ni diminution. »

Ah! pardon. Il y a eu au contraire une diminution, et une diminution très-importante.

En effet, de 1831 à 1840 il y a eu, année moyenne,
64 homicides involontaires d'enfants nouveau-nés,
et nous trouvons exactement le même nombre en
1876. Mais la France comptait, en 1831, 32 millions
d'habitants, tandis que sa population s'élève, en
1876, à 36 millions. En tenant compte de la proportion, l'année 1876 devrait fournir au moins 72 homicides, et le document n'en donne que 64.

De plus, si nous appliquons aux homicides involontaires l'opinion que nous avons émise sur la surveillance de la police, aujourd'hui plus étroite et

partant plus efficace, nous pouvons soutenir, sans craindre d'être démentis, que le nombre des homicides involontaires d'enfants nouveau-nés décroît depuis un demi-siècle et que cette décroissance a été à peu près ininterrompue.

Quand on soutient aux partisans des tours que les infanticides dénoncés, après avoir atteint leur maximum pendant la période 1861-70, ont une tendance à décroître, ils se rejettent bien vite sur les homicides involontaires d'enfants nouveau - nés. « Mais, disent-ils, vous ne comptez pour rien tous « ces infanticides déguisés, ces infanticides *à lon-* « *gue échéance,* qui deviennent des homicides invo- « lontaires, parce que la mort est survenue après « la déclaration à l'état civil, mais qui ne sont le « plus souvent que des infanticides réels. »

L'expédient n'est pas précisément habile, car, si nous examinons séparément les homicides involontaires, nous voyons que la diminution persiste depuis 1841-50. Si au contraire nous réunissons les infanticides et les homicides involontaires d'enfants nouveau-nés, nous verrons que cette opération ne fait qu'accentuer la diminution du nombre des infanticides.

C'est ce que prouvent les chiffres ci-après :

Nombres moyens annuels des infanticides et des homicides involontaires dénoncés.

1831—40	506
1841—50	625
1851—60	747
1861—70	751
1871—75	672

Les infanticides, après avoir atteint leur maximum pendant la période 1861-70, tombent de 633 à 602, d'où ressort une différence en moins de 31 infanticides chaque année. Réunis aux homicides involontaires, ils descendent du chiffre 751 maximum à 672, soit une différence en moins de 79 infanticides.

L'objection de nos adversaires est donc sans valeur et va directement contre son but.

EXPOSITIONS D'ENFANTS

Nombres moyens annuels des expositions d'enfants dénoncées.

1831—40	342
1841—50	522
1851—60	695
1861—70	433
1871—75	394

Ici encore il y a une diminution très-notable du nombre des délits, trop notable pour que l'auteur du document puisse la nier. Cependant il essaye, mais vainement, de la contester dans une certaine mesure.

« En cette matière, dit-il, il est impossible de « trouver à la diminution, qui s'est produite dans « les quinze dernières années, d'autres causes que « celles qui ont un caractère général, comme les « évènements de 1870-71. »

Encore les évènements de 1870-71 ! Mais en vérité cela n'est pas sérieux. Le parti-pris est trop évident. S'il n'y avait qu'une décroissance légère, nous admettrions jusqu'à un certain point l'explication.

Mais la prétention d'expliquer ainsi une diminution de près de 50 pour cent n'est pas admissible.

Nous allons du reste examiner quelle serait la situation, si la justice avait suivi son cours en 1870-71 comme en 1872. Pour s'en rendre compte il suffira de considérer le tableau suivant :

Expositions d'enfants jugées

1826 — 30	462
1831 — 35	459
1836 — 40	697
1841 — 45	735
1846 — 50	707
1851 — 55	849
1856 — 60	722
1861 — 65	529
1866 — 70	411
1871 — 75	401

Il est bon de faire observer que le chiffre de la dernière période est inférieur à celui de la première nonobstant l'accroissement de la population.

Si, au lieu des faits jugés, nous observions les faits dénoncés, le résultat serait le même.

Il est donc évident qu'ici, comme partout ailleurs, les évènements de 1870-71 et l'annexion à l'Allemagne de trois départements de l'Est n'ont pas modifié le résultat final.

Si du reste la perte de l'Alsace et de la Lorraine a exercé une telle influence, comment se fait-il que nous n'ayons pas observé le phénomène contraire à l'époque de l'annexion à la France de la Savoie et du comté de Nice ? Comment se fait-il que l'apport de ces deux dernières provinces n'ait pas arrêté le mouvement décroissant du délit en question ?

Les raisons qu'on nous donne sont si peu plausibles, la diminution du nombre des expositions est si peu contestable que l'auteur du document avoue naïvement ceci dans son *résumé*, en constatant une diminution dans le nombre total des affaires jugées ou dénoncées : « c'est le délit d'exposition qui a le « plus influé sur ce résultat. »

RÉSUMÉ

« Si l'on prend, dit le document, dans leur en-
« semble les crimes et délits envers l'enfant, connus
« et dénoncés, on constate que l'augmentation qui
« s'est manifestée sans interruption jusqu'en 1856-
« 60, a fait place, en 1861-70, à une diminution qui
« s'est maintenue de 1871 à 1875, mais qui cesse en
« 1876 où une tendance à une recrudescence semble
« s'accentuer. »

Donc voilà qui est bien entendu. D'après le commentateur du document lui-même, les crimes et délits dénoncés ont suivi un mouvement ascensionnel jusqu'à la période 1856-60 ; mais, depuis cette époque, un mouvement contraire s'est produit.

Nous enregistrons avec empressement cet aveu.

Quant à l'année 1876, il convient de la négliger. Nous comparons ici des périodes avec des périodes, et non des périodes avec une année isolée. Les faits de 1876 ne peuvent donner lieu qu'à des conjectures, car les années suivantes peuvent effacer complète-ment la légère recrudescence qui se manifeste. Les exemples de ces variations abondent dans les tableaux du document. Je n'en citerai qu'un.

En 1866 il y a eu 289 expositions classées aux parquets comme ne pouvant donner lieu à aucune poursuite. L'année suivante on en classait 332. Eh bien, si de ce fait on avait inféré que la période 1866-70 donnerait une augmentation, on se serait trompé, car cette période a donné au contraire une diminution.

Il faut donc écarter l'année 1876, qui fausse la statistique, et cette élimination faite, il devient évident que, depuis la période 1856-60, les crimes et délits n'ont pas cessé de décroître.

« C'est le délit d'exposition, ajoute le commenta-
« teur, qui a le plus influé sur ce résultat ; car, en
« matière d'infanticide et d'avortement, nous avons
« expliqué les causes de la réduction. »

Permettez qu'on vous le dise, vous n'avez rien expliqué du tout. Vous avez essayé d'expliquer la réduction par les évènements de 1870-71 et la perte de trois départements de l'Est ; mais nous avons prouvé, en prenant l'année 1872 comme année moyenne et en tenant compte des faits observés dans trois départements voisins de l'Alsace-Lorraine, que cette réduction subsiste. Votre allégation n'est donc pas fondée.

« Quant aux homicides involontaires, ils sont res-
« tés stationnaires... »

Il faut que l'auteur du document éprouve un besoin bien irrésistible de dénaturer les chiffres pour oser émettre de telles assertions.

Nous avons démontré de la façon la plus catégorique que, si pour juger sainement en cette matière, il faut tenir compte de l'accroissement de la population et des autres causes énumérées par nous, les homicides involontaires diminuent depuis une quarantaine d'années.

Passons maintenant aux affaires jugées.

Si nous prenons dans la récapitulation du premier tableau la colonne des faits jugés, nous trouvons les moyennes ci-après :

1826—30	220
1831—35	252
1836—40	368
1841—45	389
1846—50	402
1851—55	501
1856—60	513
1861—65	472
1866—70	384
1871—75	363

d'où il suit que les faits jugés comme les faits dénoncés décroissent depuis la période 1856-60. Au reste il serait singulier de constater, comme nous l'avons fait, une diminution pour chaque crime ou délit et une augmentation dans la criminalité générale.

Il est vrai que l'auteur du document nous donne, avec l'habileté d'un prestidigitateur, un tableau dans lequel la diminution est à peine sensible. Ce tableau, le voici :

PÉRIODES.	NOMBRES moyens annuels des affaires jugées						TOTAUX	OBSERVATIONS
	CRIMES			DÉLITS				
	d'Infanti-cide	d'Avorte-ment	De suppression d'enfant	d'Infanti-cide involontaire	d'Exposition d'enfant	De suppression d'enfant		
	(1)	(2)	(3)	(4)	(5)	6)	(7)	
1831—35	98	8	7	53	92	»	258	Le document ne fait pas mention des deux années de la guerre.
1836—40	139	14	9	75	140	»	377	
1841—45	145	20	8	76	147	»	396	
1846—50	154	24	4	83	141	»	406	
1851—55	185	36	4	109	170	»	504	
1856—60	216	30	2	123	144	»	515	
1861—65	207	24	2	135	106	41	515	
1866—69	199	17	3	106	82	97	504	
1872—76	212	22	9	66	69	130	508	

S'il suffit de considérer la colonne réservée aux totaux pour se convaincre que la diminution est presque effacée, il· n'est pas nécessaire d'avoir un œil bien exercé pour en découvrir la cause. Ce sont les chiffres de la colonne nᵒ 6 qui atténuent, au point de la faire disparaître presque complétement, la diminution des affaires jugées.

Or cet apport de la police correctionnelle doit-il être accepté sans contrôle ? Nous allons nous en rendre compte, et, lorsque nous aurons montré que ces chiffres représentent un élément nouveau, qui jusqu'ici n'était pas entré dans la statistique, lorsque nous aurons montré qu'ils s'appliquent à des faits à peine délictueux et qui n'ont aucune connexité avec les tours, nous aurons suffisamment prouvé qu'il faut les rejeter.

Avant 1863 le ministère public était armé, pour assurer la répression des crimes ou délits de suppression d'enfants, de l'article 345 du Code pénal, ainsi conçu : « Les coupables d'enlèvement, de recélé « ou de suppression d'un enfant, de substitution « d'un enfant à un autre ou de supposition d'un en- « fant à une femme qui ne sera pas accouchée, se- « ront punis de la réclusion. »

Supprimer l'état-civil d'un enfant, dissimuler sa naissance est assurément un grand crime, que le législateur avait raison de punir avec sévérité. Mais, pour qu'un crime de ce genre tombât sous l'application de l'article 345 du Code pénal, était-il nécessaire de prouver que l'enfant avait vécu ? La mère qui avait dissimulé la naissance d'un mort-né, par exemple, était-elle passible de la peine de la réclusion? La loi était muette sur ce point très-important.

La cour de cassation avait jugé que l'article 345 s'appliquait à la suppression d'un mort-né comme à celle d'un enfant vivant. Mais cette jurisprudence était empreinte d'un tel caractère de sévérité que les magistrats abandonnaient ces sortes d'affaires pour ne pas condamner à la réclusion une femme dont le crime se réduisait en réalité à un simple défaut de déclaration devant l'officier de l'état civil.

Plus tard la cour de cassation revint sur sa jurisprudence et décida que le législateur avait eu en vue d'assurer l'état civil de l'enfant vivant et non celui de l'enfant mort. Dès lors la fille qui dissimulait la naissance de son enfant mort-né n'encourait aucune peine.

Et pourtant ce défaut de déclaration est un acte répréhensible.

En vain dira-t-on que l'enfant né-mort n'est pas une personne, mais une chose. Cet être a vécu, au moins de la vie intrà-utérine, et, pendant qu'il vivait de cette vie, il n'appartenait pas exclusivement à sa mère. La famille et la société avaient des droits sur lui. Il est donc juste que sa naissance soit déclarée, afin que la société puisse examiner s'il a respiré ou non, et, en ne rendant pas cette déclaration obligatoire, le Code pénal présentait évidemment une lacune.

C'est cette lacune que le législateur de 1863 a voulu combler en établissant deux ou trois catégories de coupables.

Supposons maintenant un cas de suppression d'enfant.

Voici le cadavre d'un enfant qui n'a pas été déclaré à l'officier de l'état-civil. Le ministère public, armé de la nouvelle loi, posera cette question :

L'enfant a-t-il vécu ?

Si oui, il y a, ou plutôt il peut y avoir crime, et le coupable sera poursuivi devant la cour d'assises. Il est donc rationnel de ne pas négliger les chiffres de la colonne nº 3 du tableau.

Si l'enfant n'a pas vécu (et la science peut reconnaître à des signes certains si un enfant a respiré, par conséquent s'il a vécu ou non), il n'y a qu'un simple délit, que le tribunal correctionnel jugera.

Il est donc évident que la loi de 1863 a porté dans la statistique un élément nouveau, qui s'applique à des faits peu graves et qui de plus n'ont aucune corrélation avec les tours. On ne saurait demander le rétablissement des tours pour prévenir les cas de recélé, de suppression ou de substitution d'enfants, car cette mesure ne pourrait que favoriser ces crimes ou délits.

Par conséquent nous repoussons les chiffres de la colonne nº 6 du tableau. Nous les repoussons :

1º Parce qu'ils s'appliquent le plus souvent à des faits sans gravité ;

2º Parce qu'ils constituent un élément nouveau, sorti de la loi de 1863 et qui rend impossible toute comparaison entre la période 1863-75 et les périodes antérieures. Si ces délits avaient été poursuivis avant 1863, l'expérience du passé nous autorise à croire qu'ils auraient suivi la même marche que les autres;

3º Enfin nous les repoussons parce qu'il n'ont aucune connexité avec la question des tours.

Sur ce dernier point nous avons l'aveu de l'auteur du document, que nous pouvons surprendre en flagrant délit de partialité.

Nous trouvons en effet dans le document une observation ainsi conçue : « Les crimes et délits de « suppression de part ne se rattachant pas inti- « mement à la question des tours, ils n'ont pas « été compris dans les tableaux. On croit devoir « indiquer ici le mouvement de ces infractions :

Un peu au-dessous on lit :

« 1863—65 41   Délits
« 1866—70 97   de suppression
« 1871—75 .... 130 de part jugés

Ainsi, d'après le commentateur du ministère de la justice, les délits de suppression de part ne se rattachent pas à la question des tours et n'ont pas été compris dans les tableaux; et pourtant il s'en empare et les porte dans la colonne nº 6 d'un tableau destiné à donner le change en effaçant le mouvement décroissant de la criminalité générale.

Il n'est pas défendu de faire des tours d'escamotage, mais au moins faudrait-il cacher la ficelle.

Les chiffres de la sixième colonne écartés, nous pouvons dresser un tableau plus exact, ainsi qu'il suit :

PÉRIODES.	NOMBRES moyens annuels des affaires jugées						TOTAUX	OBSERVATIONS
	CRIMES			DÉLITS				
	d'Infanti-cide	d'Avorte-ment	De suppression d'enfant	d'Infanti-cide involontaire	d'Exposition d'enfant	De suppression d'enfant		
	(1)	(2)	3)	(4)	(5)	(6)	(7)	
1831—35	98	8	7	53	92	»	258	
1836—40	139	14	9	75	140	»	377	
1841—45	145	20	8	76	147	»	396	
1846—50	154	24	4	83	141	»	406	
1851—55	185	36	4	109	170	»	504	
1856—60	216	30	2	123	144	»	515	
1861—65	207	24	2	135	106	»	474	
1866—69	199	17	3	106	82	»	407	
1872—76	221	22	9	66	69	»	378	

Soit que l'on considère dans leur ensemble les crimes ou délits jugés et dénoncés, soit qu'on les considère séparément, la diminution, depuis la période 1856-60, est incontestable, et les considérations au moyen desquelles on a voulu atténuer la portée des chiffres, ne peuvent résister longtemps à la critique.

On peut même dire que le mouvement décroissant de la criminalité serait plus marqué, s'il était possible d'exprimer par des chiffres l'action des progrès de toute sorte qui, depuis un demi-siècle, ont pu déterminer une augmentation fictive.

Nous dirons peu de choses de l'état indiquant le mouvement de la criminalité dans chaque département. Cet état est tout à fait favorable à notre thèse. Si le document du ministère de la justice est tôt ou tard livré à la publicité, il suffira de jeter un coup d'œil sur les deux dernières colonnes des faits jugés, pour que la diminution apparaisse dans toute son évidence. Si on en excepte 3 ou 4 départements, où la progression des crimes et délits ne s'est pas démentie, on peut soutenir que partout il y a diminution.

Sans doute il serait intéressant d'étudier le mouvement de la criminalité dans chaque département; mais ce travail nous conduirait trop loin. Nous nous bornerons à quelques observations.

Dans le Gers le nombre des affaires jugées s'est élevé de 18, qu'il était en 1826-35, à 104 pendant la période 1836-45, c'est-à-dire qu'il a sextuplé. Si par malheur on avait supprimé à cette époque un ou plusieurs tours, nos adversaires ne manqueraient pas de crier à l'assassinat. Heureusement il n'a jamais été ouvert de tour dans ce département.

Dans le Lot on a supprimé deux tours en 1825, Pendant les 10 années suivantes on n'a compté que 10 affaires jugées. Mais pendant la période 1836-45 le nombre des affaires monte à 91 pour descendre ensuite à 65, 60, 27 ; et la progression ascendante ou descendante correspond assez exactement à celle que nous avons remarquée dans le Gers. Il est donc évident que l'influence du tour a été nulle.

Le département des Basses-Alpes, le moins peuplé de nos départements après les Hautes-Alpes et la Lozère, possédait 11 tours, nombre exorbitant et illégal tout à la fois. Cinq ont été supprimés en 1818, cinq en 1836, le dernier en 1858. Eh bien, depuis 1845, le nombre des affaires jugées descend de 35 à 19, 22, 12 ; d'où il suit que les crimes et délits sont moins nombreux qu'à l'époque où les 11 tours fonctionnaient.

Dans l'Ain il existait 2 tours. Le dernier est fermé en 1859, et depuis cette époque la criminalité décroît.

Le tour de Lyon est fermé en 1858, ce qui n'empêche pas le chiffre des affaires jugées de descendre de 90 à 48.

Le Doubs, la Haute-Saône et les Vosges n'ont jamais connu les tours, et la criminalité suit, dans ces départements, le mouvement de la criminalité générale, augmentation jusqu'à la période 1856-60, puis diminution.

Dans l'Yonne grande hésitation. 2 tours sur 4 sont d'abord supprimés, puis rétablis. Leur rétablissement n'arrête pas la progression des crimes et délits; la progression se dessine dans l'Yonne comme dans le reste de la France. Enfin les 4 tours sont fermés, et le nombre des affaires tombe de 74 à 32.

Il est donc prouvé que l'existence ou la suppression des tours n'a nullement influé sur la criminalité jugée, criminalité que le commentateur du document a tort de considérer comme « la criminalité la plus grave, » et qu'on ne saurait trouver dans un retour à cette institution immorale et meurtrière, la panacée universelle qui doit guérir tous nos maux.

Que le tour ait prévenu, dans de rares circonstances, quelques infanticides, c'est probable, et il y aurait mauvaise foi à ne pas le reconnaître. Mais qui donc pourrait soutenir, preuves en mains, que le mal qu'il a fait n'est pas de beaucoup supérieur au bien ?

« A supposer qu'il faille concéder, dit M. le vi-
« comte d'Haussonville, que la non-existence des
« tours augmente annuellement de quelques unités
« le nombre des infanticides, serait-ce une raison
« pour les rétablir ? je ne le pense pas. Si l'infanti-
« cide est un crime monstrueux, l'abandon aussi
« est un crime, et on paraît trop disposé à l'oublier.
« C'est un crime moral, et c'est aussi un crime so-
« cial. Tout ce qui favorise ce crime, tout ce qui
« l'encourage en quelque sorte doit donc être re-
« poussé avec énergie. Dans un pays voisin du
« nôtre, en Angleterre, la faculté de l'abandon

« n'existe même pas pour la mère, qui doit entrer
« au Workhouse avec l'enfant qu'elle déclare ne
« pouvoir nourrir, et l'on s'étonne que notre législ-
« lation sanctionne un acte considéré comme im-
« moral. Or, on ne saurait méconnaître que le résul-
« tat direct du tour ne soit de multiplier les aban-
« dons ; les chiffres sur ce point sont d'une autorité
« irrécusable. Si l'on rouvrait demain tous les tours
« fermés en France, on verrait sans aucun doute
« doubler, tripler peut-être le nombre des aban-
« dons et probablement aussi augmenter le nombre
« des naissances naturelles. Au contraire, en main-
« tenant la règle que l'enfant doit, sauf impossibilité
« démontrée, demeurer à la charge de sa mère
« (c'est-à-dire en consacrant le système des secours
« temporaires), on fortifie un principe moral,
« celui qui veut que chacun porte en ce monde la
« responsabilité de sa faute. En même temps on
« introduit dans des existences désordonnées une
« espérance de relèvement. C'est bien souvent l'a-
« mour de l'enfant qui réveille dans le cœur de la
« mère le sentiment du devoir et lui fait reprendre
« l'habitude du travail. D'ailleurs, au moment où
« l'on se préoccupe, avec raison, suivant moi, de
« modifier cette disposition trop absolue de notre
« droit moderne qui prohibe la recherche de la
« paternité et où l'on propose de reconnaître à la
« fille séduite le droit de demander des dommages-
« intérêts à son séducteur, n'y a-t-il pas quelque
« singularité à mettre à sa disposition un moyen si
« simple de se débarrasser des devoirs qui de son

« côté lui incombent, en s'empressant, une fois les
« dommages-intérêts obtenus, de porter son enfant
« au tour ? Je signale cette contradiction aux hono-
« rables sénateurs qui ont mis leurs noms au bas
« des deux propositions, à leurs yeux inséparables,
« qui sont déposées en ce moment sur le bureau du
« Sénat : celle relative à la recherche de la paternité
« et celle relative au rétablissement des tours. En
« résumé il en est des tours comme de beaucoup
« d'institutions du passé qui, en l'absence d'une or-
« ganisation plus réfléchie, ont eu leur raison d'être
« et leur utilité, dont la suppression a pu entraîner
« certains inconvénients, qu'il est facile de mettre
« en relief en les exagérant, mais qu'il ne faut pas
« rétablir, parce que ce rétablissement entraînerait
« des inconvénients plus grands encore. »

Attachons-nous donc à l'assistance temporaire
comme à une planche de salut. C'est l'assistance de
l'avenir, et nous ne désespérons pas de la voir se
substituer peu à peu à celle qui se donne aujourd'hui à grands frais dans des hospices somp-
tueux, dont les inconvénients apparaissent aux yeux
de tout le monde. Ne cherchons pas un palliatif
aux maux de la société dans des institutions suran-
nées qui, grâce à Dieu, ont fait leur temps et qu'on
ne saurait ressusciter sans enrayer la marche du
progrès, sans méconnaître les besoins nouveaux
d'une société nouvelle. Le tour est une de ces institutions que la science et l'humanité réprouvent. Il
suffit d'examiner les effets qu'il a produits en tous
temps et en tous pays pour reconnaître qu'il y aurait

folie à le rétablir. Quoi qu'on dise et quoi qu'on fasse, cette institution nous apparaîtra, dans un avenir plus ou moins éloigné, comme une institution barbare. Elle a pu avoir son utilité dans une société moins civilisée que la nôtre, mais, sous l'influence de l'adoucissement des mœurs et des progrès de la conscience publique, elle deviendra, pour les générations à venir, un objet de répulsion et d'horreur.

DE LA PRÉTENDUE DÉCADENCE DE LA NATION FRANÇAISE.

En étudiant la criminalité d'après le document émané du Ministère de la Justice, j'ai dit que l'on avait tort de ne pas signaler l'accroissement de la population comme une des causes qui ont pu déterminer une augmentation, plus apparente que réelle, des crimes et délits envers les nouveau-nés.

Sur ce point nos adversaires nous objectent que l'argument tiré de l'accroissement de la population ne saurait avoir la valeur qu'on lui attribue, parce que, si la population a augmenté, *la natalité a diminué.*

La réfutation de cette objection aurait pu trouver place au chapitre des infanticides. Je l'ai réservée pour la fin, parce que je serai amené par la force des choses à parler de l'augmentation du nombre des naissances, de la diminution de la mortalité, de l'allongement de la vie moyenne et de l'accroissement de la population, qui en est la conséquence. Il me sera donc permis de terminer cette étude de la criminalité, triste en elle-même, par un tableau plus consolant.

L'objection que fournit à nos adversaires la diminution de la natalité n'a pas une grande valeur.

En effet, si nous examinions sur quelle catégorie d'enfants frappe le crime, les chiffres et l'expérience nous montrent que les enfants naturels sont plus exposés à devenir les victimes de l'infanticide que les enfants légitimes, et cela se conçoit sans peine. Or la natalité illégitime a progressé, comme la population. On comptait 68,446 naissances illégitimes dans la période quinquennale de 1851-55; 72,703 de 1856 à 1860; 76,000 de 1861 à 1865; 73,405 de 1866 à 1870, et, chose remarquable, le mouvement de la natalité illégitime correspond assez exactement à celui de la criminalité. Le tableau suivant en fait foi :

Périodes	Naissances illégitimes	Accusations
1851—55	68,446	925
1856—60	72,703	1079
1861—65	76,000	1034
1866—70	73,405	1018

Nous ajouterons que le tour n'a pas peu contribué à aggraver la situation. En offrant aux mères un moyen facile de secouer toute la responsabilité de leurs fautes, il a dû certainement multiplier les naissances illégitimes et fournir au crime un nouvel aliment. « L'augmentation des naissances illégi-

« times, a dit M. de Villeneuve-Bargemont, (1) s'est
« mise en rapport avec la facilité de cacher leur
« origine et de se décharger de leur entretien. Ces
« conséquences étaient inévitables... Peut-être, dit-
« il encore, la législation favorable aux expositions
« (celle des tours) a-t-elle prévenu quelques infan-
« ticides, qui se seraient produits sans son inter-
« vention ; mais en multipliant les enfants naturels
« n'aurait-elle pas augmenté, si l'on peut s'exprimer
« ainsi, la matière du crime et fait naître des infan-
« ticides nouveaux ? Il demeure prouvé, ajoute-t-il,
« 1º que la législation actuelle a augmenté d'une
« manière effrayante le nombre des unions illégi-
« times et celui des expositions ; 2º que cette légis-
« lation a contribué à éteindre dans un grand
« nombre de mères le sentiment d'un devoir pres-
« crit par la nature et la religion ; 3º qu'il résulte
« de cette législation une plus grande mortalité,
« dans le premier âge, des enfants exposés et aban-
« donnés. »

Ce qui revient à dire que le tour, en multipliant
le nombre des enfants naturels, était devenu le pour-
voyeur du crime.

De son côté M. le vicomte d'Haussonville (2),
examinant les causes qui ont pu déterminer pendant quelque temps une recrudescence apparente
des crimes contre les enfants, se livre aux réflexions
suivantes :

« Assurément ces causes sont complexes et pro-

(1) Traité d'économie politique chrétienne.
(2) L'enfance à Paris. Paris-Calman-Lévy — 1879

« fondes, et il serait téméraire de vouloir les ana-
« lyser toutes ; mais il en est une cependant dont je
« suis *étonné*, que partisans et adversaires des
« tours ne tiennent pas plus de compte : c'est l'aug-
« mentation des naissances naturelles (1). Ce sont
« presque toujours les enfants naturels qui sont
« victimes des infanticides, et il n'est pas étonnant
« que leur nombre ayant augmenté, celui des infan-
« ticides augmente également. Il naissait un enfant
« naturel sur 20 au commencement du siècle, il en
« naît un sur 14 aujourd'hui. Ajoutez à cela que la
« surveillance plus exacte de la police et l'action
« répressive plus énergique du ministère public
« diminuent assurément le nombre des crimes de
« toute nature qui échappent à la justice, et que
« cette augmentation des poursuites a dû principa-
« lement se faire sentir sur un crime de la nature
« de l'infanticide, qui s'opère dans l'ombre et dont
« la preuve est souvent si difficile à saisir. Point
« n'est besoin d'autres commentaires pour expli-
« quer l'augmentation, pour partie apparente et
« pour partie réelle, du nombre des infanticides. »

(1) L'étonnement de M. le vicomte d'Haussonville est peu justifié. Les
adversaires des tours ont signalé, comme une des causes qui ont pu influer
sur les statistiques judiciaires, l'accroissement des naissances illégitimes.
On peut citer de préférence MM. Hippolyte et Frédéric Passy, et M. Levasseur, membres de l'Institut, M. Loua, chef de la statistique générale au
ministère de l'agriculture et du commerce etc... M. Levasseur a développé
cette cause devant ses collègues de l'Institut, et a produit à l'appui de
son raisonnement des chiffres irrécusables.

Nous-mêmes (pour passer des grands aux petits), avons signalé à l'attention publique, dans un mémoire couronné par la société protectrice de l'enfance et l'Académie de médecine, l'accroissement des naissances illégitimes.

Quant à la natalité légitime, si elle a diminué dans une faible proportion, on ne peut en tirer aucune conséquence défavorable à notre thèse.

Sur ce point du reste il faudrait s'entendre, car la statistique nous exposerait, si l'on n'y prenait garde, à de graves mécomptes. On pourrait dire de cette science ce que l'on a dit de l'ironie : c'est une épée à deux tranchants, une arme dangereuse, dont peu de gens savent se servir. Dans le sujet qui nous occupe la diminution de la natalité légitime est un argument tout-à-fait spécieux.

En effet, que faut-il entendre par ces mots : *La natalité* ?

La natalité est, si l'on veut, le coefficient de fécondité des mariages, ou, si l'on préfère, le rapport des naissances, soit aux mariages, soit à la population. Les chiffres qui expriment la natalité ne sont donc pas *absolus*, mais *relatifs*. Il semble que le chiffre de la natalité et celui des naissances devraient être soumis à deux mouvements parallèles, c'est-à-dire que la natalité devrait augmenter, quand les naissances augmentent, et diminuer, quand les naissances diminuent. Erreur. On remarque assez souvent le phénomène contraire, et nous en avons en France un exemple remarquable. La natalité a diminué depuis le commencement du siècle, tandis que le nombre des naissances a augmenté.

FÉCONDITÉ DES MARIAGES

(Nombre de naissances pour un mariage.)

Périodes	Enfants légitimes seulement
1800 à 1805	4.24
1806 à 1810	3.82
1811 à 1820	3.76
1821 à 1830	3.65
1831 à 1835	3.47
1836 à 1840	3.25
1841 à 1845	3.21
1846 à 1850	3.17
1851 à 1855	3.22
1856 à 1860	3.16

Si ce tableau accuse une diminution lente, mais progressive, de la natalité, par contre le nombre des naissances s'est accru. De 1816 à 1820, il naissait annuellement 970,000 enfants légitimes, y compris les mort-nés. De 1861 à 1863 les naissances légitimes se sont élevées en moyenne à 1,027,207, d'où résulte un excédant de 57,207 naissances chaque année.

La comparaison du chiffre relatif de la natalité avec le chiffre absolu des naissances semble impliquer une contradiction. Mais il est aisé de comprendre que les naissances peuvent progresser tandis que la natalité décroît. Il suffit pour cela que l'infécondité des mariages soit compensée par leur nombre.

Exemples :

Supposons que dans un pays il y ait, pendant une année, 100,000 naissances et 25,000 mariages. Le coefficient de fécondité sera 4. L'année suivante on compte 120,000 naissances et 40,000 mariages. Le coefficient de fécondité descendra à 3. Voilà donc un pays que des statisticiens inhabiles déclareront en décadence, tandis qu'il est en pleine prospérité.

Les suppositions que nous venons de faire ne sortent pas du domaine des choses possibles. En voici la preuve.

De 1855 à 1860 la natalité est descendue, en France, de 3.22 à 3.16; et ce résultat ne doit pas être attribué à la diminution des naissances, mais à l'augmentation du nombre des mariages. En 1855, on comptait 13,000 mariages de plus qu'en 1854; en 1858, on en comptait 27,000 en plus. Si les mariages ont été moins féconds, ils ont été plus nombreux, et, somme toute, ils ont donné un excédant de naissances.

Voici encore un résultat bizarre de cette méthode qui consiste, pour calculer la natalité, à comparer les naissances et les mariages d'une même année, (méthode défectueuse car les naissances d'une année ne proviennent pas des mariages de cette même année, mais de ceux qui ont été contractés pendant les vingt années précédentes), « Le plus fort coeffi-
« cient de fécondité que l'on ait constaté depuis 20
« ans, dit M. le Docteur Broca, est celui de l'année
« 1854 où le nombre des naissances légitimes est
« presque descendu au minimum. Il n'y eut cette
« année là que 888,069 naissances légitimes; mais
« le nombre des mariages ayant diminué bien plus
« encore que celui des naissances et étant descendu

« à 270,896, le coefficient de fécondité s'éleva à 3.27.
« En 1858 au contraire, année de grande prospérité,
« il y eut 932,438 naissances légitimes; mais, le
« nombre des mariages s'étant élevé à 307,056, le
« coefficient de fécondité se réduisit à 3.04, où il
« n'était pas descendu depuis 10 ans. »

Ainsi voilà deux années, 1854 et 1858, qui donnent,
la première 888,069 naissances légitimes, la seconde
932,438. Il semble que la natalité devrait être plus
grande en 1858 qu'en 1854. Pas du tout. L'année
1854 a pour coefficient 3.27, tandis que l'année 1858
n'a que 3.04. C'est ce que M. Broca appelle, non sans
une pointe d'ironie, « un accident de la statistique. »

Quand il est question des infanticides, quand il
s'agit d'expliquer la marche de la criminalité, que
nous importe la plus ou moins grande fécondité des
mariages ? La natalité est ici un faux critérium. Ce
qu'il nous faut, c'est le nombre *absolu* des naissances.
Si, nonobstant l'affaiblissement de la puissance
génératrice d'un pays ou la prévoyance égoïste des
bourgeois calculateurs, le nombre des naissances
est porté de 800,000 à 1,000,000, nous sommes
autorisés à dire qu'il y a des chances pour que le
nombre des infanticides s'élève.

Pas n'est besoin d'autres considérations pour
prouver que l'argument tiré de la diminution de la
natalité est sans valeur. En s'attachant à cet
argument, nos adversaires perdent leur temps et
passent à côté de la question. Ce qu'il faudrait
prouver, c'est la diminution, non de la natalité, mais
du nombre des naissances. Or cette preuve, ils ne la

feront jamais. Les chiffres, sur ce point, ont une autorité, qui ne souffre pas de contradictions.

S'il était nécessaire de rassurer les timides qui, croyant à la dégénérescence de la population Française, voient, dans un temps plus ou moins éloigné, l'extinction de notre race, il suffirait de leur faire observer, avec M. le docteur Broca, que, si d'une part la natalité a diminué, la mortalité, d'autre part, surtout celle des nouveau-nés, a diminué dans une proportion bien plus grande.

Mortalité de 0 à 1 an depuis le commencement du siècle.

(D'après M. LEGOYT.)

Périodes	Sur 100 nouveau-nés
1806 à 1809	22 72
1810 à 1814..................	22.24
1815 à 1819..................	23.11
1820 à 1824..................	24.09
1825 à 1829..................	22.43
1830 à 1834..................	20.91
1835 à 1839..................	20.26
1840 à 1844..................	19.32
1845 à 1849..................	18.22
1850 à 1854..................	18.28
1855 à 1859..................	19.56
1860 à 1864..................	17.63
depuis 1864 (d'après des statistiques récentes)	16.00

Voilà des progrès qui devraient nous inspirer confiance. Mais ce n'est pas tout. La vie moyenne s'est allongée de 14 ans depuis les dernières années du 18me siècle.

Vie moyenne en France.

Périodes	ans.
1771 à 1775	28.30
1776 à 1780	28.37
1781 à 1786	27.43

Voilà pour l'ancien régime. Sa part n'est pas brillante.

Nous allons maintenant apprécier les avantages de notre régénération sociale.

	ans.
An IX à XIII	32.43
1806 à 1810	34.38
1811 à 1815	34.95
1816 à 1820	34.95
1821 à 1825	37.27
1826 à 1830	37.15
1831 à 1835	38.15
1836 à 1840	38.75
1841 à 1845	40.»»
1846 à 1850	39.39
1851 à 1855	40.23
1856 à 1860	42 08

Grâce à la diminution de la mortalité et à l'allongement de la vie, la population a pu s'accroître de 10 millions d'âmes, c'est-à-dire de plus d'un tiers.

Accroissement annuel de la population en France

Périodes	accroissement annuel
1801 à 1811	174.373
1812 à 1821	136.914
1822 à 1831	210.734
1832 à 1836	194.337
1837 à 1841	137.853

Périodes.	accroissement annuel.
1842 à 1846..................	254.061
1847 à 1851................,........	76.537
1852 à 1856...	51.239
1857 à 1861.................	135.578
1861 à 1866................,.......	132.759

Il ne faut pas oublier que pendant les périodes 1847-51 et 1852-56, où l'accroissement de la population s'est ralenti d'une manière inusitée, nous avons eu la guerre de Crimée, qui nous a coûté une centaine de mille hommes, et les épidémies cholériques de 1849 et 1854. L'épidémie de 1854 a fait périr, a elle seule, 145,541 personnes.

En résumé la population de la France qui était :

En 1801 de................... :....	27,349,003 hab.
S'est élevée, en 1831, à........ .	32,569,223 —
Et, en 1866, (non compris les départements des Alpes-Maritimes, de la Savoie et de la Haute Savoie). à................	37,390,057 —

Si l'on ne considère que les calculs relatifs à la natalité, méthode défectueuse pour apprécier les ressources d'un pays, on peut prédire avec certains statisticiens que, dans un avenir plus ou moins lointain, la population de la France finira par s'éteindre.

Si, au contraire, l'on considère la réalité des faits, c'est-à-dire l'augmentation des naissances, la diminution de la mortalité, surtout celle du premier âge, et l'allongement de la vie qui produisent, comme conséquence naturelle, un accroissement continu de la population, on peut soutenir qu'un jour viendra, où, par suite d'une exubérance de vie, la France fera craquer sa ceinture.

Entre ces deux résultats, il y a toute la distance qui sépare le rêve de la réalité.

Ayons donc confiance dans l'avenir. Ne prêtons pas l'oreille aux théories dissolvantes des pessimistes qui, au lieu de nous persuader que nous marchons à grands pas vers notre ruine, au lieu de sonner le glas funèbre de la nation Française, feraient beaucoup mieux de relever les courages, de fortifier les caractères, en nous mettant au cœur de patriotiques espérances. Sans doute nous sommes loin, bien loin de la perfection ; mais les progrès accomplis depuis le commencement du siècle nous sont garants de l'avenir.

On nous dit, il est vrai, que, d'après les calculs, les nations de l'Europe doivent doubler, tripler leur population dans un nombre d'années déterminé ; et la France occuperait dans les tableaux statistiques, au point de vue de la fécondité, le dernier rang. Que faut-il en conclure ? Que les ressources d'un pays étant limitées, sa population ne peut croître à l'infini, et que, le jour où ses habitants seront trop serrés, ils n'auront d'autre ressource que l'émigration. Ne voyons-nous pas déjà l'Allemagne déverser tous les ans le trop-plein de sa population sur les Amériques ? En fin de compte l'avantage restera au pays le plus favorisé de la nature, et la France, sous ce rapport, aura toujours une bonne place, car pour la fertilité du sol, elle n'a pas de rivale en Europe.

Courage donc et confiance. Quoi qu'on en dise, nous ne verrons pas de sitôt la décadence de notre patrie. Le nuage qui voile momentanément notre gloire se dissipera ; cette éclipse n'aura qu'un temps. Un jour viendra, le jour du grand réveil, où il sera donné à la France de montrer la vitalité qui est en elle et de reconquérir, sous le drapeau de la République, la place qu'elle a si longtemps et si glorieusement occupée dans le monde.

Alençon, E. De Broise